글 채인선

남한강이 흐르는 충주의 한적한 시골에 정착해 사과나무를 키우며 살고 있습니다.
그동안 그림책, 동화책을 포함해 모두 60여 권의 책을 썼으며 교과서에 실린 작품으로는 《가죽의 가죽을 뭐라고 부르지?》 《내 짝꿍 최영대》 《손 큰 할머니의 만두 만들기》 《이름 단추 가치 사전》 《나는 나의 주인》 《원숭이 오누이》 등이 있습니다.
지혜에 한국그림책 다원상 올해 일요일마다 개방하고, 도서관에 오는 아이들이 맘껏 뛰어노는 수 있도록 '채인선의 이야기 정원'을 아름답게 가꾸고 있습니다.
블로그 '채인선의 이야기 정원' http://blog.naver.com/arige_8649

그림 안은진

홍익대학교에서 회화를 공부했습니다. 1994년 대한민국 미술대전 특선을 수상했고 회화와 판화 작품을 다수 열었습니다.
얼마가 되곤 후 아이에게 책에 관한을 찾게 되었고 영국 킹스턴대학교 은라인과정 API(advenced program in illustration)을 수료하면서
본격적으로 아이에 책을 그립을 그리기 시작했습니다. 그린 책으로는 《우리들의 마음 크리스마스》 《나는 나의 주인》
《그 아이의 비밀노트》 《경주로 요리 교실 실종 사건》 《나중에 가족》 등이 있습니다.

따라 쓰는 생각한다는 건 뭘까?

2025년 4월 4일 초판 1쇄 발행

글 채인선 | 그림 안은진

기획·편집 윤경란, 박세희 | 디자인 이민영 | 마케팅·판리 정윤지, 김민정
펴낸이 조덕현 | 펴낸곳 (주)미세기 | 출판등록 1994년 7월 7일 (제21-623호)
주소 서울시 강남구 논현로 164 유나빌딩 5층 | 전화 02-560-0900 | 팩스 02-560-0901
전자우편 miseghy1@miseghy.com | 홈페이지 www.miseghy.com

© 채인선, 안은진 2025
ISBN 978-89-8071-587-9 74800

- 잘못 만들어진 책은 구입처에서 바꿔 드립니다.
- 어린이제품 안전특별법에 의한 표시사항
제품명 도서 | 제조사명 (주)미세기 | 제조국명 대한민국 | 사용 연령 7세 이상

따라 쓰는 생각한다는 건 뭘까?

채인선 글 · 안은진 그림

마음이

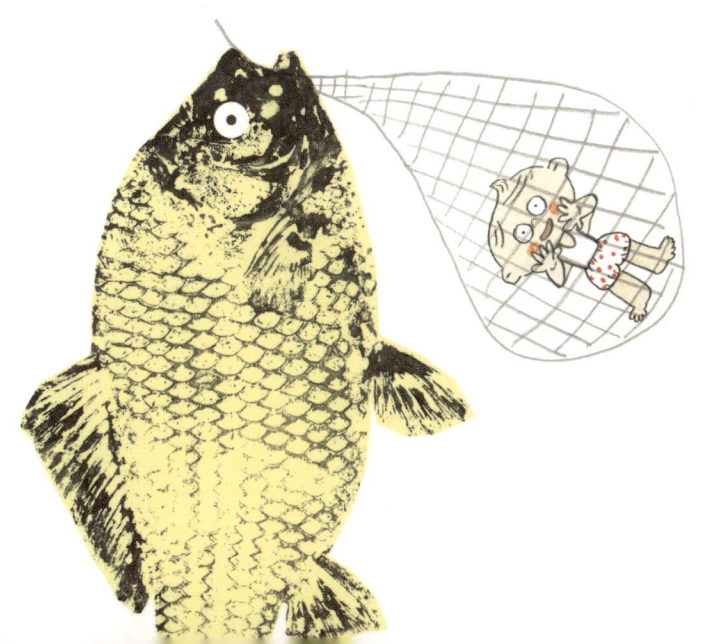

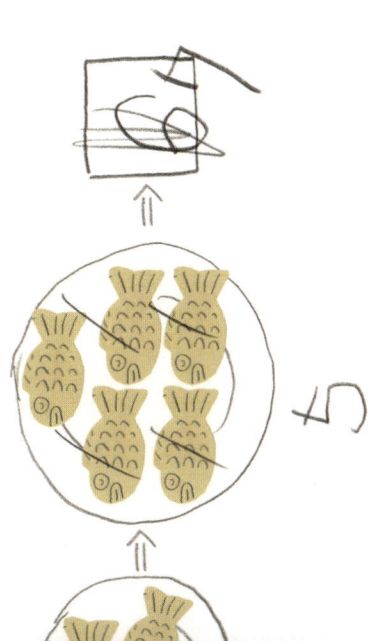

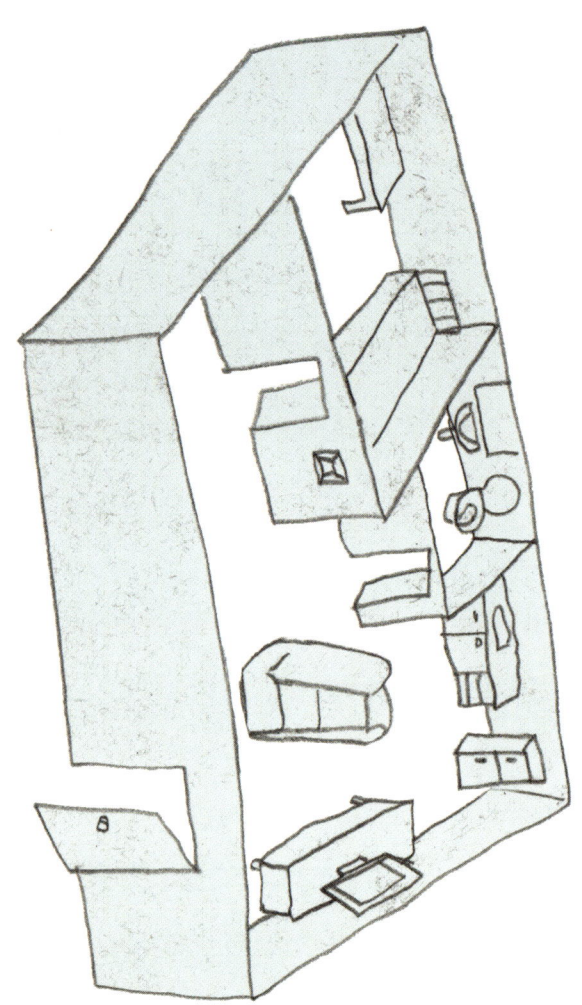

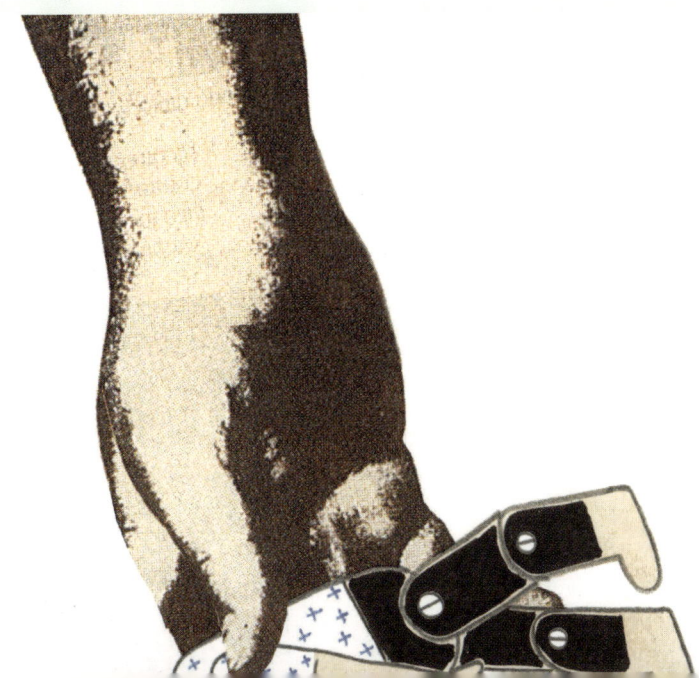

그날 밤 전쟁